9 VORAUSSETZUNGEN FÜR HOCHLEISTUNGSTEAMS

von Martin Schmidt

Impressum/Disclaimer

Über den Autor

Martin Schmidt wurde 1974 geboren und lebt in Wien. Nach mehr als 15 Jahren in unterschiedlichen Führungspositionen im Marketing, Vertrieb und Service in Österreich und Deutschland und dem Betrieb eines Weiterbildungsinstitutes arbeitet er derzeit als Trainer und Coach und beschäftigt sich in erster Linie mit dem Thema Führung speziell für neue Führungskräfte.

Seine Gedanken dazu kann man regelmäßig auf https://www.martin-schmidt.at/ nachlesen.

Vorwort

Ich habe im Laufe meines Lebens schon sehr viel mit Teams zu tun gehabt.

Beruflich hatte ich meinen ersten Führungsjob mit 25 Jahren und seitdem hatte ich die Möglichkeit, die unterschiedlichsten Teams zu führen und natürlich auch in mehreren Teams zu arbeiten.

In meiner Freizeit habe ich früher sehr gerne Fußball gespielt und auch hier gesehen, dass es unabhängig von der Klasse der einzelnen Spieler gute und schlechte Mannschaften gibt.

Bei der Beobachtung von Teams habe ich gemerkt, dass es immer wieder die gleichen Dinge sind, die man beachten muss – und zwar ganz unabhängig von der Branche oder von der Ausrichtung des Teams – um gemeinsam erfolgreich zu sein.

Fast 20 Jahre später dachte ich mir, es ist an der Zeit, mit meinem Wissen, das ich in der Zwischenzeit in diesem Bereich aufgebaut habe, eine entsprechende Zusammenfassung zu erstellen.

Herausgekommen ist dabei diese Auflistung der 9 wichtigsten Voraussetzungen, die für ein Team erforderlich sind, um erfolgreich zu sein.

Außerdem habe ich Dir sozusagen als Bonus-Track ein E-Motivationsposter erstellt, auf dem diese 9 Voraussetzungen noch einmal übersichtlich zusammengefasst sind. Dieses Poster eignet sich hervorragend als Wallpaper für Deinen Desktop oder in ausgedruckter Form an einem Platz, wo Du es gut sehen kannst, als ständiger Reminder für Dich und Dein Team.

Du kannst Dir das E-Poster unter http://www.martin-schmidt.at/motivationsposter/ herunterladen.

Inhaltsverzeichnis

Die 9 entscheidenden Voraussetzungen eines Hochleistungsteams

Jedes Team, das irgendwann einmal erfolgreich sein möchte, muss sich zu einem Hochleistungs-Team entwickeln.

Die Betonung liegt dabei auf dem Wort „entwickeln", denn kein Team startet automatisch als Hochleistungsteam. Du kannst Dir die besten Experten zusammensuchen, die alle miteinander vielleicht auch noch exzellente Teamplayer sind und sie als Team zusammenstellen, aber alleine dadurch sind sie noch kein Hochleistungsteam.

Sie müssen zuerst noch lernen, miteinander richtig umzugehen.

Jedes Team hat grundsätzlich das Potential, ein Hochleistungsteam zu werden. Das ist meistens nicht so sehr abhängig von den Fähigkeiten der einzelnen Mitglieder, als vielmehr von der Bereitschaft jedes Einzelnen, seine volle Leistung in die Teamperformance einzubringen. Anders ausgedrückt: die Einstellung ist mindestens genauso wichtig wie die individuelle Fähigkeit.

Ein gut funktionierendes Team ist mehr als seine einzelnen Teile. In der Fachsprache wird hier immer von dem schwer zu fassenden Wort „Synergie-Effekt" gesprochen. Hochleistungsteams ziehen genau daraus ihren Nutzen: sie konzentrieren sich darauf, den größtmöglichen Synergie-Effekt in allen ihren Handlungen miteinander zu finden.

Die Führungskraft eines solchen Teams ist natürlich ein entscheidender Erfolgsfaktor, wenn es darum geht ein entsprechendes Hochleistungsteam zu formen bzw. zu gestalten. Aber natürlich ist er nicht alleine dafür verantwortlich, wenn es in der Praxis nicht so klappt, wie man es sich vorgestellt hat. Auf viele Dinge kann auch der Einfluss fehlen: vielleicht hat die Führungskraft beispielsweise nicht die Möglichkeit gehabt, sich die Leute für das Team selbst auszusuchen. Darüber hinaus beeinflusst jedes einzelne Mitglied den Teamerfolg: die individuellen Fähigkeiten, die Persönlichkeit, die Art zu kommunizieren, die Fähigkeit, mit anderen zusammenzuarbeiten und noch vieles mehr. Schon eine einzelne Person mit der falschen Einstellung kann das ganze Teamgefüge zerstören.

Was ist aber nun in der Praxis erforderlich, um ein Hochleistungsteam zu formen und mit diesem zu arbeiten. Ich habe hier 9 entscheidende Erfolgsfaktoren zusammengestellt, auf die es in der Praxis ankommt. Diese Faktoren werde ich Dir hier im Einzelnen ganz genau beschreiben.

Ich verspreche Dir: wenn Du Dich in der Praxis daran hältst, hast Du die besten Voraussetzungen, Dein eigenes Hochleistungsteam zu schaffen.

Bevor wir an dieser Stelle weitermachen, müssen wir sicherstellen, dass wir die gleiche Sprache sprechen. Wir müssen also abklären, was ein Hochleistungsteam ist und ebenso, was es nicht ist.

Jedes Team besteht aus einer Reihe von Personen, die zusammen an einem gemeinsamen Ziel arbeiten. Jedes Team-Mitglied bringt seine spezifischen Fähigkeiten, seine Talente und sein Wissen in das Team ein, um das gemeinsame Ziel zu erreichen. Das alleine macht noch lange kein Hochleistungs-Team.

Dafür ist es erforderlich, dass das Team zusammenwächst und jedes einzelne Mitglied die Fähigkeiten und Talente der anderen Mitglieder kennt und sich im Bedarfsfall auf diese stützen und darauf verlassen kann. Das funktioniert dadurch,

- dass sich innerhalb des Teams Beziehungen ergeben,
- dass alle Team-Mitglieder professionell und regelmäßig miteinander kommunizieren und
- innerhalb des Teams ein hoher Grad an Vertrauen herrscht.

Kein Team wird jemals zu einem Hochleistungs-Team, wenn es dazu nicht die Bereitschaft seiner Team-Mitglieder gibt. Es geht hier nicht nur um die Bereitschaft zum Team, sondern auch um die Bereitschaft, gemeinsam mit den anderen erfolgreich sein zu wollen. Du kennst sicher das alte Sprichwort, dass eine Kette genauso stark ist, wie ihr schwächstes Glied. Genauso verhält es sich auch mit dem Team: das Team kann nicht besser sein, als jenes Mitglied, dass die geringste Bereitschaft zur Mitarbeit und zum Erfolg zeigt.

Ein Hochleistungsteam erkennt man daran, dass es eine sehr gute Form der Zusammenarbeit gibt und das Team auch immer wieder Innovationen hervorbringt, die dazu führen, dass das Team dauerhaft bessere Resultate liefert. Das heißt nicht, dass es in diesen Teams nicht auch zu Fehlern kommt, aber der Umgang mit diesen Fehlern findet in der Form statt, dass sie offen angesprochen werden, um diese in Zukunft zu vermeiden oder sich im Idealfall daraus Verbesserungen ergeben, die diese Fehler in Erfolgsgeschichten verwandeln.

Jedes Hochleistungsteam ist individuell und verhält sich anders als andere Teams. Dennoch gibt es einige Merkmale und Voraussetzungen, die fast alle von diesen Teams aufweisen:

- Voraussetzung 1: Klare Ziele, Strategien und Pläne
- Voraussetzung 2: Effektive Kommunikation
- Voraussetzung 3: Aufbau und Aufrechterhaltung von positiven Beziehungen
- Voraussetzung 4: klare Rollenverteilung und Verantwortungen
- Voraussetzung 5: starkes gegenseitiges Vertrauen
- Voraussetzung 6: hohes Problemlösungspotential und klare Entscheidungsfindungswege
- Voraussetzung 7: Wertschätzung und Förderung von Vielfalt innerhalb des Teams
- Voraussetzung 8: funktionierendes Konfliktmanagement
- Voraussetzung 9: Anerkennung und vorhandene Entwicklungsmöglichkeiten.

Im Folgenden werden wir uns diese neun Voraussetzungen im Detail ansehen.

Voraussetzung 1: Entwicklung von klaren Zielen, Strategien und Plänen

Jedes Team, das erfolgreich sein möchte, muss zuerst herausfinden, wohin der Weg gehen soll und wie man zu diesem Weg gelangt.

Diese Ziele und Pläne sind nicht nur Dinge, die man von oben diktiert bekommt, sondern vielmehr etwas, das ein Team gemeinsam entwickeln muss. Zumindest den Plan und entsprechende Meilensteine auf dem Weg zum Ziel, selbst wenn das Ziel von der Geschäftsleitung in Stein gemeißelt ist.

Ohne diesen entsprechenden Plan wird niemand im Team zu jeder Zeit sagen können, ob man sich noch auf dem richtigen Weg befindet und wie weit man bereits auf diesem Weg fortgeschritten ist. Das ist umso wichtiger, da es in der Praxis immer wieder zu Herausforderungen und Problemen kommt, die eine Änderung vom aktuellen Plan erforderlich machen.

Für erfolgreiche Teams ist es aber nicht nur wichtig, diese Ziele und Pläne zu kennen, jedes einzelne Team-Mitglied muss auch davon überzeugt sein, dass der geplante Weg der richtige ist und seine Selbstverpflichtung dazu abgeben, alles dafür zu tun, um diese Ziele auch erreichen zu wollen.

Das funktioniert natürlich nicht von selbst. Einerseits ist das etwas, das von ganz oben „gepredigt" werden muss und andererseits muss diese Selbstverpflichtung natürlich auch von jedem Einzelnen in den oberen Hierarchieebenen entsprechend vorgelebt werden.

Die Kommunikation der Ziele und der eingegangenen Selbstverpflichtung ist eines der wichtigsten Maßnahmen auf dem Weg zum Erfolg und muss über verschiedene Wege und Möglichkeiten gestaltet werde. Wie zum Beispiel durch motivierende Handouts, Plakate oder Wallpaper für den Bildschirm oder öffentliches Lob im Falle eines entsprechenden positiven Verhaltens.

Es ist wichtig, dass diese Art der Kommunikation immer stattfindet, wenn es angebracht ist. Die Aufgabe des Teamleiters ist es in diesem Fall, eine Kultur zu entwickeln, indem sich jedes Team-Mitglied als wichtiger Teil des Erfolgsprozesses sieht. Da geht es natürlich um mehr als die vorhin erwähnten Motivationsplakate oder Handouts. Die sind wichtig, aber entscheidend ist, eine entsprechende Siegermentalität und einen positiven Glauben an die Sache im Team zu entwickeln.

Denn damit entsteht der Spirit, der notwendig ist, um gemeinsam große Dinge zu erreichen.

Mir ist schon klar, wir Mitteleuropäer mit unserer Mentalität tun uns immer sehr schwer mit dem Thema Motivation und damit, Leute für eine Sache zu begeistern und ins Boot zu holen. Das ist auch der Grund, warum hier so wenige Menschen mit Begeisterung und Enthusiasmus ans Werk gehen. Viel wichtiger ist eine gewisse Glätte und Unauffälligkeit. Das ist in Ordnung und damit kann man auch arbeiten und seine Ziele erfüllen, aber leider ist und bleibt es nur Durchschnitt. Wer hält schon im Sport zu Teams, die nur durchschnittlich sind?

Die übliche Vorgehensweise in unseren Breitengraden funktioniert dann so: der neue Chef oder die neue Chefin bastelt eine schöne Powerpoint-Präsentation, lädt dann sein Team zu einer Besprechung ein und liest ihnen dann die Ziele von den Powerpoint-Folien vor. Das kennen wir doch alle! Wir sind alle schon auf diesem Besprechungstisch gesessen und haben uns Ziele vorgeben lassen. Was haben wir uns dabei gedacht? Irgendetwas wie „na toll!" oder „was soll denn das jetzt wieder bringen?" und nach dem Meeting sind sie dann mit ihren Kollegen bei einer Zigarette beisammengestanden und haben sich darüber gegenseitig ausgelassen. Soll das die Basis für Erfolg sein? Wohl nicht...

Fazit: dieser Prozess der Selbstverpflichtung ist wichtig. In diesem Prozess übernehmen die Team-Mitglieder die vorgegebenen Ziele als ihre eigenen und entwickeln entsprechende Strategien und Pläne, um diese zu erreichen.

Voraussetzung 2: Effektive Kommunikation

Ein Team, in dem die Mitglieder nicht miteinander kommunizieren, ist kein Team, sondern eine Ansammlung von Individuen, die nebeneinander „herarbeiten". Hochleistungsteams dagegen haben klare und einheitliche Methoden entwickelt, wie sie miteinander kommunizieren, sowohl auf formeller als auch auf informeller Basis.

Die Entwicklung und Anwendung entsprechender Kommunikationsmethoden ist hilfreich für jedes Team-Mitglied und bietet jedem im Team regelmäßiges Feedback und damit auch Sicherheit in Bezug auf die Team-Beziehung.

Das erhöht in weiterer Folge die Motivation im Team, fördert das Vertrauen und den Respekt untereinander, verbessert auf großartige Weise Entscheidungsfindungsprozesse und leistet auch einen wichtigen und erheblichen Beitrag zur allgemeinen Leistungsfähigkeit der Crew.

Umgekehrt ausgedrückt: fehlende oder mangelnde Kommunikation führt zu abnehmender Motivation, geringerer Selbstverpflichtung (siehe Voraussetzung 1), erhöht den Tratsch und die Gerüchteküche und senkt die Produktivität.

Was macht aber nun den Kommunikationsprozess wirkungsvoll und erfolgreich?

Ganz einfach:

- Regelmäßigkeit,
- Beständigkeit,
- Transparenz,
- inhaltliche Schwerpunkte
- und eine direkte Beziehung zu den Teamzielen.

Regelmäßige Kommunikation mit und im Team hilft den Team-Mitgliedern, den Fokus nicht aus den Augen zu verlieren, hilft auch dabei, die aktuelle Entwicklung im Blickfeld zu behalten und stellt sicher, dass Probleme und Rückschläge umgehend und gemeinsam behandelt werden.

Transparente Kommunikationsprozesse liefern allen Team-Mitgliedern die gleichen Informationen. Sie erhöhen die Wahrscheinlichkeit massiv, dass alle im Team eine aufeinander und miteinander abgestimmte Vorgehensweise kennen und entsprechend in ihrer persönlichen Arbeit darauf Rücksicht nehmen.

Macht man in der Praxis den Fehler, nicht allen Team-Mitgliedern die gleichen Informationen zu geben, dann kommt es oft vor, dass sich Einige übergangen fühlen und dann natürlich auch wenig Lust und Motivation verspüren, ihren Beitrag zu leisten, wenn es darum geht, schwierige Entscheidungen zu treffen und in letzter Konsequenz die Teamziele zu erreichen.

Kommunikationsprozesse, die einen klaren Bezug zu den Teamzielen haben, ermutigen auch alle im Team, zielorientiert zu handeln.

Fazit: die größten Fortschritte hat die Menschheit dadurch erreicht, dass einzelne Menschen miteinander kommunizieren können. Teams können nur dann erfolgreich sein, wenn sie diese Fähigkeit entsprechend einsetzen.

Voraussetzung 3: Aufbau und Aufrechterhaltung von positiven Beziehungen

Für Team-Mitglieder, die erfolgreich miteinander zusammenarbeiten wollen, müssen die Beziehungen etwas tiefer gehen als die geschäftliche Basis. Wirklich gute Teams haben auch außerhalb ihres Arbeitsplatzes miteinander Kontakt und vertiefen ihre Beziehungen auf Basis von Respekt, Vertrauen und dem Kennen der gegenseitigen Fähigkeiten.

Diese Entwicklungen passieren natürlich nicht von heute auf morgen. Dafür muss man sich Zeit nehmen. Das ist allerdings keine verlorene Zeit, es ist die sogenannte „Teambuilding-Zeit". Ein wichtiger Aspekt dabei ist, die Leute im Team dazu zu ermutigen, sich über die Stärken der anderen Gedanken zu machen. Entsprechende Übungen können dabei helfen. Du kannst beispielsweise Deine Mitarbeiter im Team-Meeting dazu auffordern, jeweils die Stärken ihres Sitznachbarn zu nennen.

Im Wesentlichen geht es aber um Empathie, also um Einfühlungsvermögen. **Eine bekannte Redensart sagt: „Menschen vergessen, was Du sagst, Menschen vergessen, was du tust, aber Menschen vergessen niemals, wie sie sich bei oder mit Dir gefühlt haben."**

Einfühlungsvermögen verbindet die Menschen einfach. Es geht dabei um das Erkennen und das Zuordnen der Gefühle und Bedürfnisse von anderen Personen, ohne dabei gleichzeitig Vorwürfe auszusprechen oder schlaue Ratschläge zu geben. Einfühlungsvermögen heißt auch, den inneren Zustand einer anderen Person zu erkennen und damit in einer Art und Weise umzugehen, die dem anderen auch hilfreich ist, also beispielsweise entsprechende Unterstützung anzubieten oder gegenseitiges Vertrauen aufzubauen.

Ein weiterer wichtiger Aspekt ist, die Zeit, die Du anderen Menschen widmest, auch tatsächlich für sie da zu sein und ihnen die volle Aufmerksamkeit zu schenken und nicht schon wieder gleichzeitig über das nächste Projekt oder das Abendessen nachzudenken.

Fazit: Die Beziehungen, die wir zu anderen Menschen aufbauen, sind die Grundpfeiler unserer Existenz. Zeit, Energie und Anstrengung in die Entwicklung und Aufrechterhaltung von Beziehungen investieren, ist eine der wertvollsten Kompetenzen im Leben.

Voraussetzung 4: klare Rollenverteilung und Verantwortungen

Obwohl das Team zusammenarbeitet, um gemeinsam die festgelegten Ziele zu erreichen, ist es wichtig, dass jedes einzelne Mitglied weiß, dass es aufgrund seiner Erfahrungen und Fähigkeiten Teil des Ganzen ist und wesentlich für den Erfolg verantwortlich ist.

Die genaue Definition von Teamrollen und Verantwortungsbereichen jedes Einzelnen beseitigt die Gefahr, dass jeder im Team denkt, dass jemand anderer für gewisse Aufgaben verantwortlich ist, obwohl es in Wirklichkeit niemand ist.

Teamziele und Pläne müssen auf jede Person im Team heruntergebrochen werden, damit jeder weiß, wo sein Verantwortungsbereich liegt und was er dazu beitragen muss, damit die Teamziele erreicht werden. Ebenso erleichtert es die erfolgreiche Zusammenarbeit, wenn nicht nur jeder im Team seinen eigenen Spielraum kennt, sondern auch den der anderen Team-Mitglieder.

Diese klare Aufteilung hilft auch dabei, klar zu definieren, wo das Team innerhalb der Gesamtorganisation steht, an wen das Team bzw. der Teamleader berichtet. Zusätzlich werden dadurch auch Missverständnisse und Konflikte hinsichtlich der entsprechenden Kompetenzen innerhalb der Gesamtorganisation vermieden.

Wenn Du diese Rollenaufteilung durchführen willst, ist es sinnvoll, Dir zwei Listen anzulegen. Auf der ersten Liste schreibst Du die Namen Deiner Team-Mitglieder und auf die zweite Liste alle Aufgaben, die im Team zu erledigen sind bzw. alle Rollen, die innerhalb Deiner Abteilung besetzt werden müssen.

Danach ordnest Du jedem Mitglied entsprechende Aufgaben bzw. eine bestimmte Rolle zu. Wichtig ist, dabei flexibel zu bleiben und diesen Plan auch mit Deinem Team abzusprechen. Niemand wird gerne vor vollendete Tatsachen gestellt und die Bereitschaft, zugedachte Aufgaben bzw. Rollen anzunehmen, ist auf jeden Fall größer, wenn Du diese bereits in Vorgesprächen abgeklärt hast.

Wenn es diese Rollenaufteilung nicht gibt, sind die Mitglieder in Deinem Team verunsichert und wissen nicht, was eigentlich ihr genauer Job ist und an wen sie welche Informationen in welcher Form kommunizieren sollen. Das ist unangenehm – für jeden Einzelnen! Fehler und Versäumnisse entstehen oft durch die Unsicherheit der einzelnen Team-Mitglieder bezüglich der Erwartungen. Das kostet Zeit und Geld.

Fazit: Ein Mangel in der Rollenaufteilung führt automatisch zu Spannungen, Missverständnissen in der Kommunikation und letztendlich zu geringerer Leistung des Teams!

Voraussetzung 5: starkes gegenseitiges Vertrauen

Vertrauen ist eine der Qualitäten in einem Team, die am schwierigsten zu entwickeln sind. Dafür braucht es zwei wesentliche Faktoren: Zeit und Erfahrung. Nichtsdestoweniger: für Hochleistungsteams ist es eine der wichtigsten Voraussetzungen.

Das Vertrauen im Team entsteht dann, wenn jeder den Eindruck hat, dass er sich auf den anderen verlassen kann und alle gemeinsam am Teamziel arbeiten und nicht jeder an seinen persönlichen Zielen. Dazu gehören auch das Zutrauen und die Zuversicht in die Fähigkeit und die Integrität der anderen Teammitglieder.

Alle bisherigen Voraussetzungen helfen dabei, dieses Vertrauen aufzubauen. Dennoch: Vertrauen ist ein komplizierter Part in einem Beziehungsgeflecht. Wer hat diese Erfahrung denn nicht schon in seinem Privatleben gemacht? In einem Team ist es noch schwieriger, weil noch mehr Personen involviert sind.

Wenn es dann aber einmal aufgebaut ist, ist es ein echter Türöffner. Es verbessert die Kommunikation, das Engagement und die Loyalität im Team erheblich. Es steigert die Produktivität des Teams und erhöht die Wahrscheinlichkeit, dass das Unternehmen insgesamt erfolgreich sein wird, massiv (je nach Größe des Unternehmens ist hier die Wichtigkeit natürlich unterschiedlich anzusehen).

In der heutigen Zeit ist dieses Vertrauensverhältnis in vielen Teamkonstellationen noch wichtiger als in vergangenen Tagen, da sich ein Team oft – wie früher üblich – keinen gemeinsamen Arbeitsraum mehr teilt und in Extremfällen vielleicht sogar auf mehreren Kontinenten verteilt ist. Starre Regeln und Firmenrichtlinien helfen hier nicht viel und sind das Papier nicht wert, auf dem sie geschrieben stehen.

Ein Team wird von seiner Außenwelt immer als Ganzes, als eine „Grundeinheit" betrachtet. Es ist eine Vereinigung der Fähigkeiten und Erfahrungen von verschiedenen Menschen. Bei einem Hochleistungsteam kommt es nicht darauf an, dass die hellsten Köpfe darin arbeiten, viel wichtiger ist, dass es als funktionierende Einheit nach außen auftritt. Innerhalb sind die Rollen natürlich klar verteilt und jeder weiß, was sein Beitrag sein muss, damit das Team erfolgreich ist.

Das heißt aber nicht, dass im Team immer Friede, Freude, Eierkuchen-Stimmung vorherrschen muss. Konflikte austragen und ebenso eine gesunde Rivalität sind wichtig und fördern auch die Gesamtleistung des Teams, doch das kann nur dann gut funktionieren, wenn eine solide Vertrauensbasis vorherrscht und keiner Angst haben muss, dass er von jemand anderem bei günstiger Gelegenheit das „Messer in den Rücken gerammt" bekommt.

Wie baut man dieses Vertrauen nun auf? Es ist auf jeden Fall ein langwieriger Prozess, doch er kann beschleunigt werden durch offene Interaktionen innerhalb des Teams und vor allem durch gute Kommunikationsfähigkeiten. Ich kann es nicht oft genug wiederholen: die Menschheit hat sich so rasant weiterentwickelt, weil sie gelernt hat, miteinander zu kommunizieren. Ein Team kann aus 10 Superhelden bestehen. Wenn diese nicht miteinander reden, ist das nichts wert.

Um diese Kommunikation im Team zu fördern, ist es wichtig, regelmäßig Erfahrungen auszutauschen. Wenn man weiß, wie es den anderen bei ihren Aufgaben geht, entsteht bei einem selbst meist das Gefühl, dass die anderen auch nur Menschen sind und auch Fehler machen. Dadurch entsteht Nähe und Vertrauen. Und genau dieses Vertrauen fördert wieder die Bereitschaft, künftig noch offener mit den anderen Teammitgliedern zu kommunizieren. Diese positive „Vertrauensspirale" gilt es in Gang zu setzen.

Fazit: ein Hochleistungsteam kehrt unvermeidbare Differenzen und Streitigkeiten nicht unter den Teppich, sondern schätzt und würdigt einen offenen Umgang damit. Die Wichtigkeit, persönliche und allgemeine Informationen sowie Arbeitserfahrungen und Erlebnisse mit den anderen zu teilen, kann für den Aufbau des Vertrauens innerhalb des Teams gar nicht hoch genug bewertet werden!

Voraussetzung 6: hohes Problemlösungspotential und klare Entscheidungsfindungswege

Eine der größten Erfolgsbremsen von Teams ist Zögerlichkeit, Ängstlichkeit und Unsicherheit, wenn es um das Treffen von Entscheidungen geht. Hochleistungsteams unterscheiden sich nicht unbedingt durch die Vielzahl an Methoden, die ihnen dafür zur Verfügung stehen, sondern vielmehr durch genau eine Sache: **sie treffen Entscheidungen!**

Ob diese Entscheidungen demokratisch innerhalb des Teams getroffen werden oder jeweils derjenige mit der größten Erfahrung auf dem Gebiet die Letztentscheidung trifft, ist dabei sekundär. Viel wichtiger ist, dass die Entscheidung in einem angemessenen Zeitraum getroffen und dann auch von allen Team-Mitgliedern getragen wird.

Ein Hochleistungsteam ändert bereits getroffene Entscheidungen nicht, wenn es nicht notwendig ist. Wenn eine Kursänderung allerdings angebracht ist, wird diese ebenfalls gemeinsam besprochen und eine entsprechende Richtungsänderung beschlossen.

Für das Treffen von wichtigen Entscheidungen im Team empfiehlt sich folgender 7-Stufen-Plan:

Stufe 1 - Problemerkennung:

Das Team muss erkennen, dass es ein Problem gibt und eine entsprechende Entscheidung ansteht. Das klingt in der Theorie sehr einfach und logisch, doch genau an diesem simplen Schritt scheitern in der Praxis sehr viele Teams aufgrund mangelnder Kommunikation.

Stufe 2 – Problemdefinition:

In diesem Schritt benennt das Team, worum es geht. Es wird besprochen, wer wann und wie davon erfahren hat. Unterschiedliche Ansichtsweisen werden untereinander ausgetauscht. Alle Vermutungen und Hypothesen werden ausgesprochen, sodass das Team letztendlich zu einer einheitlichen Sicht gelangt.

Stufe 3 – Informationssammlung:

Wenn das Problem definiert ist, gilt es, alle nötigen und erforderlichen Informationen zum Thema einzuholen. Das ist einerseits wichtig, um die Bestätigung dafür zu erhalten, dass das Problem richtig definiert wurde und hilft in weiterer Folge bei der Entwicklung von entsprechenden Lösungsvorschlägen.

Stufe 4 – Lösungsalternativen erarbeiten:

Hier geht es darum, unterschiedliche Lösungsmöglichkeiten für das Problem zu besprechen. In der Praxis wird dieser Schritt oft vernachlässigt und das Team arbeitet mit dem ersten Lösungsvorschlag. Der kann aber oft teurer oder unproduktiver sein als andere Möglichkeiten. Gute Teamleader greifen daher genau an dieser Stelle ein und fordern ihre Teammitglieder auf, sich unterschiedliche Lösungen zu überlegen.

Stufe 5 – Lösungsauswahl:

Hier geht es darum, aus den vorhandenen Vorschlägen die beste Alternative auszuwählen. Dazu bieten sich je nach Komplexität des Themas gängige Verfahren wie Stärken-Schwächen-Tabellen oder SWOT-Analysen an.

Stufe 6 – Umsetzung:

Nachdem man sich auf eine Lösung geeinigt hat, geht es darum, diese auch umzusetzen und auch hier wieder je nach Komplexität einen entsprechenden Maßnahmen- oder Projektplan zu erstellen.

Stufe 7 – Überprüfung:

Nachdem die Lösung implementiert ist, muss überprüft werden, ob man mit dem erstellten Plan „auf Schiene" ist und darüber hinaus auch darum, sich die Frage zu stellen, ob die Problemlösung mit der vorhandenen Methode grundsätzlich funktioniert.

Fazit: Hochleistungsteams zeichnen sich dadurch aus, dass sie Entscheidungen treffen. Das wird wesentlich vereinfacht, wenn es innerhalb des Teams klare und geregelte Entscheidungsprozesse gibt!

Voraussetzung 7: Wertschätzung und Förderung von Vielfalt innerhalb des Teams

Ein Hochleistungsteam ist mehr als die Summe der einzelnen Teile. Oft ist es so, dass gerade die Unterschiede der einzelnen Personen in einem Team zum Erfolg führen. In einem guten Fußballteam haben die Spieler auch unterschiedliche und individuelle Stärken. Manche agieren in der Defensive besser, andere haben einen sogenannten „Torriecher", aber der Einzelne ist ohne die anderen wertlos.

Genau dabei scheitern viele Teams: Engstirnigkeit und Egoismus verhindern oft eine dementsprechende Teamkultur. In einem Hochleistungs-Team hingegen bringt einfach jeder seine Sicht der Dinge mit ein. Das gibt allen wieder einen neuen Blickwinkel. Sie zählen einfach auf die Vielfalt und die Verschiedenheit und verwenden diese dazu, bestehende Probleme zu lösen und Innovationen zu schaffen. Um das zu erreichen, muss jeder einzelne im Team die anderen Team-Mitglieder für ihre individuellen Fähigkeiten schätzen und niemandem herabsetzen, weil er vielleicht diverse andere Skills nicht mitbringt.

Vielfalt hat viele Gesichter. Ein Aspekt, der bei der Zusammenstellung von Teams gerne vergessen wird, ist das Alter. Leider, denn auch durch genau diesen Generations-Mix entsteht eine Menge an Perspektiven und Sichtweisen, die, wenn man sie gezielt nutzt, zu einem wesentlich besseren Endergebnis führen. Manchmal kann jugendliche Unbekümmertheit von Vorteil sein, in anderen Fällen vielleicht wieder die Erfahrung von älteren Semestern. Oft ist aber genau beides hinderlich und genau dann kommt der Generations-Mix zum Tragen, weil im Bedarfsfall gezielt „gebremst" oder aber auch „Gas gegeben" werden kann, wenn es erforderlich ist.

Was sind denn nun konkret die Vorteile von Teams mit einem guten Generations-Mix?

- **Ein verbesserter Einblick in die unterschiedlichen Alterssegmente der Kunden.**
Was für einen 20jährigen hinsichtlich Technik selbstverständlich erscheinen mag, kann für einen 60jährigen eine nicht zu bewältigende Hürde darstellen. Das ist einem 20jährigen Team-Mitglied aber vielleicht nicht bewusst, ebenso wie es einem 60jährigen eventuell nicht bewusst ist, dass 20jährige dies als Selbstverständlichkeit betrachten.

- **Verbessertes Wissensmanagement.**
In vielen Unternehmen geht eine Menge an Wissen dadurch verloren, dass die älteren Mitarbeiter in den Ruhestand gehen und ihre zum Teil wertvollen Informationen dahin mitnehmen. Ein entsprechendes Mentoring-System kann hier Abhilfe schaffen und den so wichtigen Wissenstransfer in die nächste Generation einleiten.

- **Durchbrechen von Status- und Hierarchiebarrieren.**
Oft sind die jüngeren Mitarbeiter im Team gehemmt, wenn es darum geht, offen zu kommunizieren. Einerseits, weil sie die älteren Kollegen nicht vor den Kopf stoßen wollen und andererseits, weil vielleicht starre Hierarchien vorherrschen, die das unmöglich machen. Gut durchmischte Teams leisten hier ebenfalls einen wertvollen Beitrag im Umgang miteinander.

- **Und letztendlich: bessere Lösungen!**
Wenn Leute mit unterschiedlichen Perspektiven und Ansichten zusammenarbeiten, die daran gewöhnt sind, die Vorteile dieser Unterschiedlichkeit für sich zu nützen, dann führt das auch zwangsläufig zu besseren

Lösungen wie beispielsweise verbesserten Prozessen oder innovativen Produkten.

Im Moment findet man grob unterteilt 3 unterschiedliche Generationen in Unternehmen. Baby Boomer (vor 1965 geboren), die Generation X (Jahrgänge 1965 bis 1980) und die Gen Y (nach 1980 geboren). Jede dieser Generationen hat ihren eigenen Stil zu arbeiten und meistens auch unterschiedliche Werte und Ansichten. Doch genau die Durchmischung dieser Generationen und das Aufbrechen dieser verkrusteten Schubladisierung bringt Schwung und Spirit in Teams und Unternehmen.

Fazit: Vielfalt ist wichtig. Erfolgreiche Teams bestehen aus Menschen mit vielen Unterschieden und wissen, diese zu nutzen. Wie im Sport: Stürmer schießen besser Tore, während Verteidiger besser darin sind, welche zu verhindern. Jeder an der richtigen Position eingesetzt führt zum Erfolg.

Voraussetzung 8: funktionierendes Konfliktmanagement

In vielen Fällen sieht es einfach so aus, als würden Konflikte am Arbeitsplatz einfach dazugehören. Wir alle kennen Situationen, in denen unterschiedliche Personen mit unterschiedlichen Zielen und Bedürfnissen in Konflikte geraten sind. Wir haben auch gesehen, was daraus entstehen kann, wenn man nicht richtig mit solchen Konflikten umgeht.

Die Tatsache, dass diese Konflikte existieren, ist an sich noch keine schlechte Sache. Solange diese Konflikte erfolgreich gelöst werden, führt das auch zu einem Wachstum an Persönlichkeit und Professionalität innerhalb eines Teams. Noch drastischer ausgedrückt: erfolgreiches Konfliktmanagement macht genau den Unterschied zwischen positiven und negativen Ergebnissen aus.

Die gute Nachricht bei Konflikten ist: wenn Du sie erfolgreich löst, löst Du damit auch viele Probleme, die der Konflikt erst ans Tageslicht gebracht hat. Außerdem passieren noch weitere Dinge, die Du wahrscheinlich so nicht erwartet hättest:

- Verbesserter Gruppenzusammenhalt: wenn Konflikte innerhalb des Teams erfolgreich gelöst werden, verstärkt das den Glauben in die Fähigkeit zur guten Zusammenarbeit massiv.

- Gesteigertes Verständnis: die Diskussionen führen dazu, dass man die Standpunkte von anderen Teammitgliedern kennen und verstehen lernt und helfen, Ziele gemeinsam zu erreichen, ohne den Willen von anderen zu untergraben.

- Verbesserte Selbsterkenntnis: Konflikte helfen Personen dabei, ihre Ziele im Detail zu hinterfragen und die Dinge zu erkennen, die ihnen wichtig sind.

Wenn Konflikte im Gegenteil dazu nicht gründlich abgehandelt werden, können die Ergebnisse fatal sein. Widersprüchliche Ziele und Meinungen können sich schnell in persönliche Abneigung verwandeln und der Teamzusammenhalt geht verloren. Die Stärke des Teams geht verloren, weil sich jeder einzelne vom Team und seiner damit verbundenen Arbeit distanziert. Das endet schnell in einer bösartigen Abwärtsspirale von gegenseitigen Anschuldigungen und Negativität.

Um das Team oder die Organisation effektiv arbeiten lassen zu können, muss diese Abwärtsspirale so schnell wie möglich gestoppt werden. Sich hier in den Möglichkeiten des Konfliktmanagements zu verlieren, würde den Rahmen dieses Textes sprengen, beispielhaft möchte ich aber hier zum Abschluss dieser Voraussetzung noch ein paar wichtige Regeln anführen:

- **Stelle in Deinem Team sicher, dass gute Beziehungen die allerhöchste Priorität haben!** Behandle nach Möglichkeit alle Teammitglieder ruhig und gelassen und baue gegenseitiges Vertrauen auf. Gib Dein Bestes, immer höflich und zuvorkommend zu bleiben und behalte dieses Verhalten auch in schwierigen Situationen und unter Druck bei.

- **Trenne Personen von Problemen!**
  Die Person selbst ist nie das Problem. In vielen Fällen liegt es nicht daran, dass jemand anderer „schwierig" ist, die wirklichen Differenzen liegen oft hinter unterschiedlichen Positionen der einzelnen Personen. Wenn Du hier immer eine saubere Grenze ziehst, dann können wahre Probleme

professionell diskutiert werden, ohne die Beziehung im
Team zu zerstören.

- **Achte auf die Interessen, die ausgesprochen werden!**
  Wenn Du lernst, gut zuzuhören, verstehst Du sehr schnell,
  warum sich Personen für bestimmte Positionen
  aussprechen.

- **Zuerst zuhören, dann sprechen!**
  Um ein Problem effektiv lösen zu können, ist es wichtig,
  dass Du es auch verstanden hast. Das gelingt Dir nur,
  wenn Du den anderen Leuten ein Ohr leihst und ihnen
  eine Stimme gibst.

- **Finde die Fakten heraus!**
  Filtere die klaren objektiven und erkennbaren Elemente
  heraus, auf die sich der Konflikt bezieht.

- **Es ist nicht immer alles schwarz und weiß.**
  Im richtigen Leben ist es das so gut wie nie, auch wenn
  uns das täglich von den Medien eingetrichtert wird. Sei
  also offen dafür, dass die richtige Lösung manchmal nicht
  A oder B, sondern vielleicht auch C ist.

Wenn Du diese Regeln beachtest, wird es Dir gelingen,
kontroverse Standpunkte innerhalb Deines Teams positiv und
konstruktiv zu behandeln. Das hilft, Widersprüchlichkeiten,
Unstimmigkeiten und manchmal sogar offenen Feindschaften
vorzubeugen, die so oft dazu führen, dass Konflikte außer
Kontrolle geraten.

**Fazit: gehe Konflikten nicht aus dem Weg, sondern behandle
sie professionell innerhalb Deines Teams. Das führt zu einem
stärkeren Gruppenzusammenhalt, der sich letztendlich auch in
besseren Ergebnissen widerspiegelt.**

Voraussetzung 9: Anerkennung und vorhandene Entwicklungsmöglichkeiten.

Natürlich ist es wichtig, dass das Team gemeinsame Ziele hat und gemeinsam auf den Erfolg hinarbeitet. Dennoch darf man dabei nicht die einzelnen Menschen außer Acht lassen. Jeder im Team braucht auch Gelegenheiten, um persönliche Erfolge zu erzielen oder sich individuell weiterzuentwickeln. Letztlich kommt auch das wieder dem Teamerfolg zu Gute, weil neue Skills bzw. Motivation in das Team eingebracht werden.

Es ist also wichtig, entsprechende Maßnahmen zu ergreifen, die jedem Team-Mitglied eine entsprechende Entwicklungsmöglichkeit bieten. Ob das jetzt im Rahmen eines durchgestylten firmeninternen Programmes oder ganz individuell erfolgt, ist dabei eher nebensächlich. Wichtig ist viel mehr, einerseits die passende Maßnahme für jeden Einzelnen zu finden und andererseits natürlich auch die Qualität dieser.

Weiterbildung ist die eine Seite der Medaille, die andere ist Anerkennung. Ein schwieriges und vieldiskutiertes Thema, an dem schon sehr viele Unternehmen sehr viele unterschiedliche Belohnungsmöglichkeiten durchdacht und eingesetzt haben. Wenn man von seinen Team-Mitgliedern will, dass sie eine bestimmte Rolle einnehmen und auch ein bestimmtes Verhalten an den Tag legen, ist es wichtig, dafür auch die entsprechenden Motivationsmittel zur Hand zu haben. Diese können sowohl monetär, also in Form von Prämien bei Zielerreichung oder als Jahresbonus, aber auch nichtmonetär, beispielsweise in Form einer gemeinsamen Feier, einer Reise oder auch einer Weiterbildungsmaßnahme sein.

Bei solchen Incentivierungen sollte man nicht den Fehler machen, den Fokus zu sehr auf das Team zu legen. Dadurch rückt die Motivation für den Einzelnen in den Hintergrund. Klar will jeder seinen Anteil im Team leisten, aber er will auch, dass gesehen wird, welchen Anteil er dabei hatte.

Neben Anerkennung und Entwicklungsmöglichkeiten gibt es aber auch noch einen dritten Aspekt, der in diesem Zusammenhang sehr wichtig ist: Freiraum. Wenn Du willst, dass sich Deine Leute entsprechend entwickeln, musst Du sie von der kurzen Leine lassen und ihnen Vertrauen entgegenbringen. Das heißt nicht, dass jemand nicht mehr seine Leistung bringt, aber die Art und Weise, wie er sie einbringt, sollte jedem Team-Mitglied selbst überlassen sein. Gib also vor, was Du willst, aber lass den Leuten die Freiheit, es so zu tun, wie sie es wollen. Durch diese Vorgehensweise entsteht Kreativität und jeder, auch Du, kann von den anderen lernen.

Fazit: Ein Hochleistungs-Team ist keine Selbstverständlichkeit und bleibt nicht auf Dauer auf diesem Status, wenn es ihn einmal erreicht hat. Wichtig sind die ständige Möglichkeit zur persönlichen Weiterentwicklung, die Anerkennung jedes Einzelnen im Team und ein entsprechender Freiraum, die Arbeit auf die Weise erledigen zu können, wie es einem sinnvoll erscheint.

Zu guter Letzt: ein Hochleistungs-Team braucht einen guten Leader!

Welches Team im Sport ist erfolgreich ohne einen entsprechenden Leader? Hier ist eine Persönlichkeit gefragt, die weiß, wo das Team aktuell steht und wo es in absehbarer Zeit sein soll, sozusagen eine Vision. Wenn man diese beiden Punkte – den Start und das Ziel in Form der Vision – im Kopf kennt, dann kann man vom angedachten Ziel weg zurück bis zum Start im Kopf einen entsprechenden Plan entwickeln, um das Team dort hin zu führen, wo man es haben möchte.

Diese Vision ist ein Bild in Deinem Kopf, wo Du hingelangen willst, nicht aber der Weg dorthin. Es ist das Bild, in dem Du siehst, wie Dein Team aussehen soll, wenn Du den Weg zu Ende gegangen bist. Der erste Schritt ist, wie gesagt, diese Vision in Deinem Kopf zu haben. Aber das ist noch nicht genug. Wichtig ist, sich zunächst einmal selbst mit dieser Vision zu infizieren und damit zu beginnen, die anderen anzustecken und Begeisterung zu erzeugen und das Team dazu zu bringen, es als seine eigene Vision zu sehen.

Wirklich gute Leader schaffen es, solche Visionen in entsprechende Leitbilder oder Slogans zu verwandeln. Einer der bekanntesten, die mir zu diesem Thema einfallen, ist zwar nicht aus der Wirtschaft, sondern aus der Politik und stammt von John F. Kennedy: „Frage nicht, was Dein Land für Dich tun kann, frage Dich, was Du für Dein Land tun kannst!". Bam, der sitzt! Und würde sich genau so auch auf eine Team-Vision umsetzen lassen.

Abschließend hier noch ein paar Dinge, die Du als Leader unbedingt benötigst bzw. tun musst, um ein Hochleistungs-Team zu formen:

- **Sei authentisch!**
  Als echter Leader bist Du ein Teil Deines Teams und lebst nicht irgendwo abseits in einem Elfenbeinturm. Du erweckst nicht den Anschein, alles perfekt zu machen, sondern zeigst Deinem Team, dass Du genau so ein Mensch wie alle anderen bist, der Fehler macht. Dazu gehört auch zu zeigen, dass man eine Seele hat und verletzlich ist.

- **Sprich die unschönen Dinge an!**
  In jedem Team gibt es Schwierigkeiten und Konflikte. Als echter Leader versteckst Du Dich nicht hinter Deinem Schreibtisch, wenn dunkle Wolken aufziehen, sondern holst Dir Deinen Regenmantel und gehst mit Deinen Leuten raus ins Gewitter. Dazu gehört auch, Leuten im Team mitzuteilen, wenn sie nicht die erwartete Leistung bringen. Wenn Du willst, dass sich jemals etwas ändert, dann ist der erste Schritt, es anzusprechen. In letzter Konsequenz heißt das auch, einzelne Leute im Team auszutauschen, wenn es nicht anders geht und sich keine Entwicklung zeigt.

- **Höre zu!**
  Tu nicht nur so, sondern lerne wirklich, zuzuhören. Kommunikation ist keine Einbahnstraße. Die meisten Dinge lernt man nicht, während man spricht, sondern während man anderen zuhört. Die meisten Führungskräfte sprechen zuerst und geben dann, wenn noch Zeit ist, den Menschen Raum, ihre Gedanken dazu zu äußern. Das hast Du als echter Leader nicht notwendig, denn Du bist ein Teil des Teams. Wenn Du Deinen Leuten zuhörst, zollst Du ihnen Respekt und Anerkennung. Das ist für den alten Hasen genauso

wichtig und entscheidend wie für die jungen Personen im Team, die vielleicht erst seit ein paar Wochen dabei sind.

- **Stelle gute Fragen!**
  Fragen sind eines Deiner wertvollsten Werkzeuge. Schlechte Fragen sind wie abgestumpfte Schraubendreher. Mit ihnen wirst Du Dir sehr schwer tun, Schrauben zu lösen beziehungsweise wird es Dich sehr viel Kraft kosten. Die richtigen Fragen zu stellen ist auch ein Werkzeug, um aktives Zuhören zu lernen. Fragen zu stellen, ohne die ganzen Antworten anzuhören und abzuwarten ist einer der besten Wege, Deinen Leuten zu zeigen, dass Du Dich nicht für ihre Anliegen interessierst.

- **Sei zuverlässig!**
  Wenn Dein Team lernen soll, dass sich die einzelnen Mitglieder aufeinander verlassen sollen, dann ist es wichtig, dass Du den Anfang machst und ein gutes Vorbild abgibst. Echte Leader stehen zu ihrem Wort, auch wenn das manchmal schmerzhaft ist. Sollte es einmal erforderlich sein, sein Wort zu brechen, dann ist es sehr wichtig, dem Team die Beweggründe dafür zu erklären. Das Team wird sich viel mehr für Dich ins Zeug legen, wenn es Dir vertraut. Zuverlässig sein heißt auch, klare Worte zu sprechen und keinen Raum für Fehlinterpretationen zuzulassen. Menschen vertragen die Wahrheit, auch wenn sie unangenehm ist. Sie werden Dir auf jeden Fall mehr vertrauen, wenn Du ihnen auch wirklich immer die Wahrheit sagst.

- **Bring Spaß und Freude in Dein Team!**
  In unserer Kultur wird alles, was Spaß macht, als unproduktiv angesehen. Das ist Blödsinn. Spaß bringt Motivation ins Team und die Arbeit geht dann viel leichter von der Hand. Diese Verbissenheit, die in vielen Teams und Unternehmen vorherrscht, ist der Antreiber

für Stress und Burnout. Als echter Leader hast Du es drauf, in Deinem Team eine lockere und angenehme Atmosphäre zu schaffen, in der sich jeder wohlfühlt. Hüte Dich aber vor Sarkasmus und „scharfen" Kommentaren. Die tragen nicht zu einem positiven „Spirit" bei und vergiften die Teamstimmung langfristig.

- **Bleibe immer zielorientiert!**
  Was auch immer passiert, als echter Leader verlierst Du das Ziel nie aus den Augen. Die Ziele sind der Kompass für Dein Team. Klar, über den Weg lässt sich immer diskutieren, aber nicht über das Ziel. Jeder in Deinem Team muss wissen, was die Ziele des Teams sind und wo das Team im Hinblick auf die Erreichung dieser Ziele aktuell steht.

So und jetzt ran an den Speck!

Ich wünsche Dir viel Freude und Erfolg bei der Entwicklung Deines Hochleistungs-Teams!

Zusatzgeschenk: Sichere Dir jetzt Dein E-Motivationsposter „9 Voraussetzungen für Hochleistungsteams"

Dein Poster erhältst Du unter
http://www.martin-schmidt.at/motivationsposter/

Eine kleine Bitte: ich freue mich über Deine Bewertung!

Liebe Leserin, lieber Leser,

wir sind nun am Ende des Buches angelangt und ich hoffe, ich konnte Dir mit der Beschreibung der 9 Voraussetzungen für Hochleistungsteams einen guten Eindruck vermitteln, worauf es ankommt, um mit Teams erfolgreich zu arbeiten.

Ich halte den Preis dieses Buches bewusst sehr günstig, weil ich weiß, wie wichtig es gerade für den ersten Führungsjob ist, ein paar gute Ratschläge und einen guten Wegweiser mit auf den Weg zu bekommen. Dieses Buch ist in erster Linie durch mein Wissen aus der Praxis und damit verbunden auch den schmerzhaften Fehlern entstanden, die ich im Laufe meiner Karriere gemacht habe. Es ist mir wichtig, anderen Leuten dabei zu helfen, genau diese Fehler zu vermeiden und ihnen somit einen sanfteren und schnelleren, erfolgreicheren Start zu ermöglichen, als ich ihn damals hatte.

Falls Dir das Buch gefallen hat, habe ich daher eine Riesenbitte an Dich: das beste Kompliment, dass Du mir machen kannst und den höchsten Preis, den Du mir für dieses Buch bezahlen kannst, ist eine positive Rezension auf Amazon. Warum? Weil das natürlich das Vertrauen der Leser in meine Bücher, Seminare, Vorträge und Coachings stärkt und es mir somit auch ermöglicht, mein berufliches Leben genau mit jenen Menschen zu verbringen, mit denen es mir Freude bereitet: mit neuen Führungskräften, denen ich einen guten Start in ihr Berufsleben ermöglichen möchte.

In diesem Sinne: viel Freude mit Deinem Hochleistungsteam!

Martin Schmidt

www.ingramcontent.com/pod-product-compliance
Lightning Source LLC
Chambersburg PA
CBHW021446170526
45164CB00001B/415